올해는 동독과 서독의 통일 조약 25주년입니다. 한국은 현재까지 여전히 북한과 남한으로 나뉘어 있습니다.

"Wir wagen ein Experiment, denn wir wollen als Erste dabei sein, wenn Ihr Land beginnt, sich zu öffnen." (우리는 위험한 실험을 감수하고 있습니다. 왜냐하면 우리는 여러분의 국가가 개방되는 순간, 첫 번째 참석자가 되기를 원하기 때문입니다.)

전 독일문화원장 주타 림바흐는 이러한 말로 2004년 6월 2일 외떨어진 공산주의 국가 북한의 평양 독일문화원 정보센터의 '독일 학술 및 기술 출판원'을 시작했습니다. 이러한 유래 없는 계획은 당연히 실패했고, 결국 이 열람실은 5년 이상 지속되지 못 했습니다. 이 열람실의 자료들은 북한 정부와 2년에 걸쳐 협상했는데, 독일문화원이 과학, 공학, 의학 분야에 북한 정부가 출판한 학술 자료와 함께 독일 문화, 언어, 문학, 음악에 대한 서적들을 50%로 보유하는 조건으로 유지되었습니다. 독일문화원은 독일이 한국에게 통일 과정에 대한 예시가 될 수 있다고 생각했을 뿐만 아니라 바흐 및 독일 문학이 남한과 북한의 통일에 기여할 수 있을 것이라고 생각했습니다. 북한과의 교류는 북한의 은둔 정치 때문에 드문 일입니다. 예를 들어 북한 내에 인트라넷은 있지만 세계의 다른 지역과 인터넷으로 연결되지 않습니다. 따라서 북한에 대한 오늘날의 이해는 외세, 특히 미국의 영향을 크게 받습니다. 현재 미국은 여전히 남한에 군사 기지를 유지하고 있으며, 한국의 역사는 인접국가의 흔적, 특히 일본의 식민지화의 흔적이 새겨져 있습니다. 일본의 강점으로부터 몇 십 년 후에 한국 전쟁이 시작되었으며, 이 전쟁은 북한에서는 '조국 해방 전쟁'으로 지칭됩니다. 중국의 경우, 이 분쟁은 공식적으로 '미국의 침략에 저항하고 한국을 돕는 전쟁'으로 불립니다. 북한의 초대 지도자인 김일성은 일본의 강점과 미국의 영향에 대해 싸운 지도자 중 한 명이었습니다. 따라서 미국의 영향에 대한 자율성과 저항이라는 자부심은 여전히 오늘날 북한 사회의 중요한 기둥입니다.

트리엔날레 기간 동안, 광저우(중국) 독일문화원 독일 열람실은 '독일 평양 열람실 및 정보 센터'가

됩니다. 이러한 개입은 기존의 열람실의 현재 지형을 상상을 통해 변형하는 것입니다. 이 상상을 통해 현재 독일문화원의 문화 활동이 청중에게 제공됩니다. 이 활동에는 열람실 자체에 대한 반성과 열람실의 역사적 맥락, 남한 및 북한과 이전에 분열된 독일 사이의 비교사를 탐색하는 것이 포함됩니다.

이 프로젝트는 복잡한 정치적 문제에 대한 해답을 찾기를 요구하지 않으며, 북한에 대한 일반적인 이미지로부터 거리를 두는데 성공하기를 바랍니다. 이 프로젝트가 목표로 하는 것은 국가 문화정책과 일반적인 연성 권력의 사용에 대해 비판적으로 살펴보고자 합니다. 이 경우에 이는 유럽중심적인 자본주의의 서사에서 유래하며 아마도 기부자와 수혜자 사이의 불평등한 관계를 확정할 것입니다. 오늘날 탈식민 시대에 공산주의 국가에서 독일 열람실 열람실을 개방한다는 것은 무엇을 의미하는가? 호전적인 상대에 대해 다시 배우고 새로운 가교를 찾는데 예술과 언어는 어떤 역할을 할 수 있을까? 이 열람실은 이러한 비판적인 질문을 위한 공간을 제공할 뿐만 아니라 민족 국가, 언어, 지리의 노선에 따른 사고를 초월할 수 있는 공간으로 기능합니다.

트리엔날레 기간 동안 열람실 방문객들은 도서관에서 여러 예술작품을 만날 수 있습니다. 도서는 예술작품이며 예술작품은 도서입니다. 이 열람실에서 그리고 세미나 동안 여러분은 독일, 중국, 북한, 남한에서 온 여러 세대의 예술가들의 응답 및 참여를 만날 수 있습니다. 2015년 12월 13일에 요리 퍼포먼스, 음악, 대화, 상영과 함께 세미나가 열릴 예정입니다.

---

1 약 8억 유로의 연방외교부 예산의 상당 부분 (1/5 이상)이 해외의 문화관계를 양성하는데 소비되었습니다. 독일은 제 2차 세계대전 이후 전세계에 독일의 긍정적인 이미지를 적극적으로 홍보하기 위해 96개 국가에 160개의 독일문화원 (독일 문화 및 언어를 제공하는 문화 기관)을 열었습니다. 2004년부터 중국은 정부의 자금으로 약 500개의 공자학원(confucius institute), 즉 중국어 학습 센터를 해외에 설립했습니다.

1876년 독일 철학자 니체는, 역사적 사고와 '역사'라고 불리는 학문의 창안으로부터 반 세기 이후 획기적인 에세이 <반시대적 고찰>에서 관련된 모든 문화적 가치와 역사적 개념 및 이해에 대해 재고하는 것이 대단히 긴급한 일이라고 조했습니다.

그러나 그는 시기가 적절하지 않다는 것을 매우 잘 알고 있었습니다. 19세기는 철학자 헤겔의 정신현상학에서 정당화된 것처럼, 정신 자체가 세계 정신으로 표명되었던 시대, 또한 아시아와 같은 다른 대륙의 가치와 특성을 완전히 내려다보는 유럽중심적 태도의 시대였습니다.

그 다음 세기에, 시간에 대한 전 세계적인 사고는 민족국가, 제국, 자본주의와 같은 새로운 조직 구조 속에서 표명되었습니다. 이러한 통합적인 힘은 그 동안 아시아에서 상이한 시간 및 주체성에 대한 감각이 어떻게 발전되었는지에 대해 거의 주의를 기울이지 않았습니다.

이러한 차이에 대한 무시와 의도적인 부정이 제1회 아시아 비엔날레 / 제5회 광저우 트리엔날레의 시대적인 출발 지점입니다. 이야기는 한국 철학자 한병철이 <피로사회>에서 설명한 것처럼 시간에 내재적으로 연결된 역설, 즉 서구, 전체, "세계 시간"(가속, 속도, 가시성, 고갈, 초월적/진보적 모더니티, 초과-자본주의, 지식 생산, 경제) 대 아시아의 시간(고요, 반성, 집중의 관점, 다양한 형태의 모더니티, 가치와 지혜에 대한 강조)의 역설에 집중됩니다.

본 트리엔날레는 이러한 통찰에서 출발하여, 현재의 '세계 시간 표준'에 대해 의문을 제기하는 비판적인 촉매제가 되고자 합니다. 한 형태의 시간을 다른 형태의 시간으로 교체하고자 하는 것이 아니라 자신을 '보편적'으로 제시함으로써 내재적으로 연결되어 있는 것으로 보이는 자기 중심적인, 배타적인, 팽창주의적인 논리를 종결시키고자 합니다.

이러한 보편성의 불가능성은 사라 반 더 하이데의 프로젝트 '독일 평양 열람실 및 정보 센터'의 핵심입니다. 쑨원 열람실에서 개최되는 이 프로젝트는 북한의 수도에서 10년 전에 개관된 임시 열람실을 기반으로 하여 독일문화원이 발전시킨 문화 정치학을 분석합니다. 이 문화원은 아마도 역사상 최후의 보편적 인간이었던 괴테의 이름으로 방문객에게 보편적으로 제시된 관점과 가치를 소개하기를 원합니다.

사라 반 더 하이데의 프로젝트는 상기 언급된 쟁점들을 다층적으로 접근하며, 개입, 다른 예술가 및 디자이너와의 협업(한스 하케, 김소라, 통 첸 등), 병행 세미나 프로그램 (로우린 와이어스, 박찬경, 스레판 드레이어와의 협업 등) 으로 구성됩니다. 이 프로젝트는 역사적 재구성으로 간주되어야 할 뿐만 아니라 특히, 팽창주의자의 '연성 권력'의 정치와 관련하여 문화적 가치의 상대성과 역사성을 출발점으로 삼는 상상과 비판적 고찰의 공간으로 간주되어야 합니다.

사라 반 더 하이데, 평양의 괴테 문화원 열람실 (2004-2009) 데이터베이스

2015, 이동영, 크리스티안 요한슨과의 협업
디지털 열람실 데이터베이스 및 5000개의 열람실 색인 카드

최초의 아이디어는 이전의 평양 열람실에서 도서 및 기타 미디어를 광저우로
운송하는 것이었습니다. 그러나 최초의 도서 및 기타 미디어가 예를 들어 몽고,
평양 의료센터, 기타 장소와 같은 아시아의 여러 곳으로 분배되었다는 것을 서울
독일문화원에서 저에게 알려주었습니다. 현재 광저우에 있는 것은 2004년에
평양에서 운송된 5000개의 미디어 데이터베이스: 도서, 디비디, 씨디입니다.
모든 도서, 필름, 음악은 주제에 따라 분류되어 있으며, 태그/알파벳/저자/제목/
색인번호를 통해 검색할 수 있습니다. 도서의 선별은 독일과 북한의 상이한
관심을 보여줍니다. 열람실의 자료들은 북한 정부와 2년에 걸쳐 협상했는데,
독일문화원이 과학, 공학, 의학 분야에 북한 정부가 출판한 학술 자료와 함께
독일 문화, 언어, 문학, 음악에 대한 서적들을 50%로 보유하는 조건으로
유지되었습니다.

최창호, 봄의 백두산

2004, 직물 배너에 인쇄

천지의 인쇄된 풍경을 열람실에 걸린 두 개의 배너를 통해 볼 수 있습니다.
북한에서 백두산의 꼭대기는 '혁명의 신성한 산'으로 여겨집니다. 최장호의
화법은 몽고 양식에서 유래했고, 예비 윤곽선 없이 채색하여 형태를 표현합니다.
이 지역과 산은 두 가지 이유로 알려져 있습니다. 이곳은 한반도를 수십 년
동안 점령했던 일본과의 게릴라 전투 기지였으며, 한국인들은 백두산을 세 개의
신성한 산 중 하나이자 조상의 기원 장소로 여깁니다.

에리히 호네커와 김일성의 대화

2015, 독일 열람실 전시를 위한 출판물, Back to the Mountain 출판사

독일 열람실의 선반에는 1970년대의 두 개의 문서와 함께 냉전 시기의 출판물이
있으며, 이는 독일 민주공화국과 조선 인민 민주주의 공화국의 지도자들, 에리히
호네커와 김일성 사이의 교류를 보여줍니다. 2개의 문서에는 동독과 북한 사이의
장기적인 관계 및 문화 교류라는 결실을 맺게 한 조선 민주주의공화국과 독일
민주공화국 사이의 역사적 우호 관계(중국 또한 포함된 조약)가 나와 있습니다.
결국 이러한 우호관계를 통해 평양에 독일 열람실 및 정보 센터를 개관할 수
있었습니다. 이 문서들은 미국의 영향을 받지 않는 통일에 대한 북한 사람들의
깊은 염원을 입증합니다.

사라 반 더 하이데, 요한 볼프강 괴테는 169개의 장소에 하나의 집을 갖고 있습니다

2015, 알파벳 순서로 나열된 169개의 명함

독일문화원은 전세계에 독일 언어 및 문화를 홍보하는 169개의 문화원을 설립하였으며 독일연방공화국에서 자금을 지원받고 있습니다. 169개의 명함에 전세계 독일문화원의 주소와 함께 독일문화원의 명칭인 요한 볼프강 괴테(1749-1832)의 이름이 인쇄되어 있습니다. 이 친숙한 오브젝트인 명함은 편재성을 나타내면서, 동시에 세계화된 지역에서 국가문화 기관의 장엄한 상징을 이어나갈 수 있는 대안적인 수단을 제공합니다. 이 명함은 시인이자 정치가이자 과학자이자 극작가이자 소설가였던 요한 볼프강 폰 괴테를 보여줍니다.

한스 하케, Die Freiheit wird jetzt einfach gesponsert— aus der Portokasse 이제 자유는 그저 소액의 현금으로 후원을 받게 될 것입니다

2004, 직물 배너에 인쇄

1990년에 지오바니니 안셀모, 바바라 블룸, 그리스티앙 볼탄스키, 한스 하케, 레베카 혼, 일리야 카바코프, 야니스 쿠넬리스, 비아 레반도프스키, 마리오 멜츠, 라파엘 라인스버그, 크지슈토프 보드치코는 여전히 분리되어 있던 베를린 2개 구역에서 상호보완적인 부분들로 구성된 임시 공공 설치물을 제작하도록 초청을 받았습니다. 이 전시는 서베를린의 시장이 자금을 지원했으며, 베를린과 독일이 통일되기 몇 개월 전에 열렸습니다. 이 전시의 제목인 <자유의 유한성>은 저명한 동독의 극작가, 시인, 작가, 연출가였던 하이너 뮐러가 만들었습니다.

이로부터 29년 전인 1961년에, 독일 민주공화국에서 서베를린의 경계를 따라 기어오를 수 없는 벽, 전기 철조망, 지뢰 매설 지역을 경계로 하여, 불모지를 분리시켜 엄중하게 순찰을 돌았습니다. 서독으로 탈출하려던 약 175명의 사람들이 '죽음의 길'로 알려진 곳에서 사망했습니다.

이 프로젝트에 하인리히-하이너 검문소 주변의 감시탑이 선정되었습니다. 색유리를 새로 설치한 감시탑의 창은 독일 민주공화국의 화려한 영빈관이었던 동독의 '팔라스 호텔'을 연상시킵니다. 또한 지붕의 탐조등은 느리게 회전하는 '메르세데스'의 별로 교체되었습니다. 1965년부터 거대한 '메르세데스' 별이 서베를린의 인기 있는 쇼핑 구역의 가운데에 있는 가장 높은 건물인 '유럽 센터'의 꼭대기에서 회전하고 있습니다.

감시탑의 양면에는 청동 글자로 된 2개의 비문이 설치되었습니다. 이 비문은 다임러 벤츠의 일련의 광고에서 사용되었던 유명인의 말을 인용한 것이었습니다. 그중 하나는 셰익스피어의 '준비가 전부이다'이며, 이는 독일 민주공화국의 청년 조직인 청년 개척자들의 모토인 '준비하라—항상 준비하라'와 공명됩니다. 또 다른 하나는 괴테의 'Kunst bleibt Kunst', '예술은 항상 예술로 남는다'라고 번역되는 이 구절은 뉴욕 타임즈의 메르세데스 광고에 사용되었습니다. 전시 몇 개월 전, 다임러 벤츠는 베를린의 구도심이자 다시 허브가 될 것으로 기대되었던 장벽 주변 포츠다머 플라츠에 위치한 큰 공터를 구매했습니다. 베를린 시는 새로 개방된 구역에 대한 도시 계획을 개발하기 이전에 이미 다임러 벤츠에게 이 지역을 판매했습니다. 회사는 추정된 시장 가격의 1/10을 지불했습니다.

다임러 벤츠는 히틀러의 집권을 활발하게 홍보한 독일 산업체 중 하나였습니다.
이 회사의 회장과 대표는 모두 나치의 회원이었으며, 전시 중 다른 회사들처럼 강제
노역에 크게 의존했습니다. 전쟁 이후 회사는 다시 번영했고, 현재 이 회사는 독일에서
가장 큰 기업이며, 또한 전쟁 자재의 가장 큰 생산자입니다. 국제 무기 금수 조치에도
불구하고 다임러 벤츠는 남아프리카 아파르트헤이드 지역의 군대 및 경찰에게 로켓 발사
기 등 6,000대 이상의 차량을 공급했고, 1980년대에는 사담 후세인의 이라크에 헬리콥터,
군대 차량, 미사일을 판매했습니다. 또한 벤츠는 예술 전시의 두드러진 후원자였습니다.
1986년에 앤디 워홀에게 초창기부터 1980년대까지 생산된 회사의 차량에 대한 그림을
그리도록 의뢰했습니다. 이 그림들은 1988년에 메르세데스의 후원 하에 구겐하임 박물관
에서 사후에 전시되었습니다.

김소라, 추상적 읽기

2015, 인쇄된 텍스트 및 녹음

독일 열람실에는 독일 문화, 역사, 철학, 과학, 독일 해외정책, 냉전 및 세계 2차 대전
뿐만 아니라 문학 및 음악에 대한 서적이 있습니다. 여러 책에서 임의로 페이지를
선택하여 서울에 있는 작가 김소라에게 보냈습니다. 그녀는 이 페이지에서 새로운 텍스트,
의미와 다른 언어를 넘어서는 텍스트를 재창조합니다. 그녀의 추상적 읽기는 기존의
의사소통 및 논리적 사고라는 개념과는 달리, 언어에 목소리를 부여합니다. 그녀의 작업은
열람실과 열람실의 도서의 사용법에 새로운 의미를 주고, 또한 열람실의 현재의 변용에
대한 유추로 제시되기도 합니다.

첸 퉁, 진정한 서가

2015, 선반 설치, 비디오

미래에도 서가는 여전히 존재할까요? '진정한' 서가를 만드는 것은 사고의 가치에 대해
생각하는 것만큼 중요합니다. 이 서가는 장식이 아닙니다. 서고 자체가 물리적인 무게를
가지기 때문에 생산 과정에서 우리는 늘 수용량에 대해서만 고려합니다. 대중과 소통하는
동안, 우리는 서가에 어떤 종류의 책들을 놓아야 하는지에 대해 토론할 것입니다. 이와
동시에 대중은 진정한 서가의 생산 과정에 대해 알게 될 것입니다.

여성 예술가 그룹 에어푸르트, 가브리엘레 슈퇴쳐의 여성을 위한 패션, 여성에 의한 패션-오브제-전시

1988, 임가르트 젠프로부터 받은 원본 8미리 비디오, 8분

가브리엘레 슈퇴쳐는 독일 민주공화국에서 80년대에 여성 예술가 그룹 '에어푸르트'를 설립한 사람 중 한 명이었습니다. 이들은 그림, 직물, 도자기를 만들었으며, 이후 에어푸르트의 교회에서 몇 가지 퍼포먼스를 하기 시작했습니다. 이 여성들은 남성이 지배하는 통제된 사회에서 자신들을 개별적으로 표현할 수 있는 방법을 찾고 있었습니다. 당시 여성 아티스트는 사적인 공간 혹은 교회에서만 공연을 할 수 있었습니다. 이 비디오는 에어푸르트의 아퀴스틴 수도원에서 열린 <패션-오브제-쇼>의 다큐멘터리인데, 이 비디오에서 사람들은 스스로 본인의 복장을 만들고 있습니다. '이것은 모든 사람을 위한 예술이며, 평등하며 민주적인 접근방식이다. 이러한 종류의 패션은 배타적이지 않으며 접근하기 쉽다.'라고 슈퇴쳐는 비디오를 통해 말하고 있습니다. 이 쇼를 제작할 당시, 패션 모델이 아닌 일반인들을 찾고 있었는데 이에 많은 여성들이 응답했습니다.

자넷 그라우, 다시 보기

2003, 23분

<다시 보기>는 그림에 대해 설명하는 총 30명의 사람들을 보여줍니다. 여러 부분으로 된 이 작품은 '국가예술기금'의 창고에서 촬영된 비디오 자료에 기반하고 있습니다. '드레스덴 위원회 미술 사무실 (동독의 공식 시각예술시설)'에 속한 예술작품은 이제 '국가예술기금' 컬렉션의 일부로 사용됩니다. 자넷 그라우는 이 컬렉션의 21,000개 이상의 작품들 중에서 <다시 보기>의 참여자들에게 보낼 15개의 그림을 선택했습니다. 참여하도록 초대된 사람들은 어떤 종류의 그림을 보게 될 것인지, 또한 이 그림들이 예전의 독일 민주 공화국의 그림이라는 것도 알지 못했습니다. 참여자들은 몇 일 동안 한 명씩 창고로 가서 각자 '자신'의 그림을 선택했습니다. 그들은 다른 사람이 어떤 그림을 선택했는지 듣지 못했고, 예술작품에 대한 정보(예술가의 이름, 작품의 제목, 일자 등) 또한 제공 받지 못했습니다. 그라우는 그들에게 작품을 어떻게 설명해야 하는지에 대한 가이드라인이 없는 상태에서, 그들이 선택한 작품에 대해 설명하기를 요청했습니다. 그림 자체는 청중뿐만 아니라 카메라로부터도 감추어져 있어 오로지 그림의 뒷면만 볼 수 있습니다. 이 비디오 자료를 통해 우리는 화자, 화자의 제스처, 탐색하는 시선, 불편한 순간들을 관찰하게 됩니다. 우리는 그림을 말로 포착하려는 그들의 노력을 목격합니다. 예술의 정치적 맥락에 대한 토론 혹은 가치에 대한 질문 대신, 우리는 그림과의 개별적인 만남을 관찰하게 됩니다. 이 작품 자체에 대한 평가는 이루어지지 않은 채 남아있습니다. 즉, 사회주의 리얼리즘 기간 동안의 작품에 대해 주로 이루어지는 부정적인 혹은 긍정적인 추측은 여기에 없습니다. 그 대신 예술을 보는 행위 자체, 그리고 이 행위를 표현하는 언어만이 남아있습니다. 작품의 이미지가 참여자의 얼굴, 말, 태도에 반영되지만, 마지막 전시를 볼 때까지 감추어져 있습니다. 우리가 볼 수 있는 것은 오직 그림의 비어있는 뒷면, 그리고 공공의 영역에서 이미지의 부재에 관한 아이러니한 설명 뿐입니다.

박찬경, 비행

2005, 비디오, 13분

2000년 6월, 한국전쟁 발발 이후 처음으로 남북정상이 만납니다. 이 필름은 남한에서 평양까지의 비행, 평양의 공항과 거리를 녹화한 TV 자료를 편집한 것입니다. 이 비디오의 배경음악은 견우와 직녀의 설화에서 영감을 받은 윤이상의 1977년 작품 더블 콘체르토의 시작 부분에서 가져온 것입니다.

이 설화에 따르면 옥황상제가 견우와 직녀의 게으름에 노하여 한 명은 하늘의 동쪽 끝에서, 다른 한 명은 서쪽 끝에서 오도가도 못하도록 하는 벌을 내립니다. 그러나 두 사람을 안타까워 한 새들이 1년에 한 번, 은하수에 다리를 놓아 이들은 다시 결합하는데 성공합니다. 윤이상은 이 설화를 남북관계와 비교했습니다. 은하수는 북한과 남한의 거리, 견우와 직녀의 만남은 통일을 상징합니다. 윤이상이 이 작품을 작곡했을 때, 은하수를 잇는 다리를 만드는데 필요한 무한한 수의 새들을 상상했을 것입니다. 그는 망명 중 통일된 독일에서 사망합니다.

박찬경, 정전

2009, 비디오, 3분 50초

북한에서 '조선화'는 강한 바다와 파도를 설명하는 장르입니다. 여기에 담긴 '혁명적 낭만주의'는 북한의 만성적인 활력 부족을 떠올리게 합니다. 이러한 '국가 형식'의 그림은 북한에 인접한 바다에서 석유 및 가스 채취의 잠재성을 조사하는 서구의 거대한 발전소를 상기시키기도 합니다. 만수대창작사의 조선화가들은 정치적 역할을 위해 완벽히 봉사 합니다. 박찬경은 이들의 예술을 전력을 허비하는 '비디오 아트'로 전유시킵니다.

1 '해금강의 파도' (조선화의 파도 형태에 대한 연구, 저자 김성근, 2.16 예술교육출판, 2003)는 북한에서 출판되었으며, 60개의 파도화 사진이 포함되어 있습니다. 이 책에는 120페이지에 걸쳐 바다와 파도의 그림 방식이 '조선화'로 상세히 설명되어 있습니다.

2 2000년에는 수력발전소가 북한 전기의 약 67%를 생산합니다. 전기 부족으로 인해 북한은 배급제도에 의존하고 있습니다. 북한은 종종 장시간 정전을 겪으며, 구식 전력 공급망으로 인한 전력 손실이 높습니다.

3 2002년 현재, 남한은 북한에 전력 공급망을 통한 전기 공급에 동의하지 않았습니다. 전하는 바에 따르면 북한은 러시아의 전기 지원의 가능성에 대해 논의하고 있습니다.

4 북한의 서해만은 중국의 발해만이 지리적으로 확장된 것으로 간주되기 때문에 탄화수소가 매장되어 있을 수 있습니다. 스웨덴의 타우르스 에너지, 영국의 소코 인터네셔널과 아미넥스 피엘씨와 같은 기업들이 북한 바다의 석유 및 가스의 탐사 가능성을 조사하고 있습니다.

링 디우, 선물(2)

2011, 비디오

이 작품은 수집가가 자신의 생일을 위해 의뢰한 생일선물이며, 3개의 스크린 비디오 설치로 이루어집니다. 작가는 1962년 케네디 대통령의 생일 파티에서 마를린 먼로가 부른 '생일축하합니다'의 녹음 파일을 여러 조각으로 잘라서, 인생의 꿈과 기대에 대해 쓴 자신의 글을 먼로의 노래 사이에 교차하도록 끼워 넣었습니다. 어떤 사람들에게 꿈을 꾸는 것은 일상생활의 행위이자, 내면의 프로그램이자 자연스러운 존재 방식입니다.

자신이 이미 있는 장소와 다른 장소에 대한 상상.
자신이 이미 있는 장소 이외에 다른 장소에 있다는 기대.
자신이 이미 있는 상황 이외의 다른 상황에 대한 갈망.

김경만, 각하의 만수무강

2002, HD, 13분

대한뉴스는 1952년부터 1994년까지 한국정부의 공보처에서 매주 제작했던 프로파간다 목적의 뉴스릴입니다. <각하의 만수무강>은 그 중 한국의 초대 대통령이자 독재자였던 이승만 정권때 제작된 대한뉴스를 샘플링해서 만들었습니다. 이 영화에서 그는 매일 생일인 남자로 등장합니다.

미국이 북한을 전체주의적인 광기로 가득찬 독재국가로 규정지을때 그것은 북한에 대한 오해가 아니라 미국에 대한 오해라고 할 수 있습니다. 만일 미국이 과거 백년 동안 저지른 전쟁범죄와 독재국가에 대한 적극적 지원을 잘 알고 있다면 그런 말은 감히 할 수 없기 때문입니다. 마찬가지로 남한이 북한을 전체주의적인 일인숭배국가로 규정지을때 그것은 북한에 대한 오해가 아니라 남한 스스로에 대한 오해라고 할 수 있습니다. 과거 수십년동안 남한 역시 전체주의적인 일인숭배국가였다는 사실을 잘 알고 있다면 그런 말을 자신있게 하지는 못할 것이기 때문입니다. 반공주의로 대표되는 집단적 광기와 국가 동원체제의 시작은 정작 박정희가 아니라 그보다 훨씬 전인 이승만 정권 때부터 비롯된다고 볼 수 있습니다.

09.30–10.00	개관
10.00–10.15	세미나 개막식: '완성', '포용' 로리 필그림의 작곡, 로빈 해든(보컬), 샤오줸 싱(첼로), 리우 롱(생황)
10.15–10.30	개회사: 홍콩/광저우 독일문화원 원장인 가브리엘레 가울러
10.30–12.30	공개토론: 평양 독일 열람실과 북한과 남한의 통일을 위한 수단으로서 독일 음악과 도서 발화자: • 스레판 드레이어, 독일문화원 원장 • 박찬경, 작가 및 영화감독 • 김경만, 영화감독 • 가브리엘레 슈퇴쳐/여성 예술가 그룹 '에어푸르트' • 사회자: 김현진
12.30–14.00	(점심) 요리 퍼포먼스: '평화를 축복하는 수프', 이곤 한프스팅글
14.00–15.30	대화: '괴테와 그의 음식, 그리고 괴테에 대한 중국의 영향' 로우린 와이어스 (휴식)
15.45–16.15	낭독 퍼포먼스: 첸 통, '진정한 서가'
16.15–16.45	낭독 퍼포먼스: 김소라, '추상적 읽기' (한국어, 독어, 중국어, 영어로 **4**명의 참여자가 낭독)
16.45–17.00	세미나 폐회식: '완성', '포용' 로리 필그림의 작곡, 로빈 해든(보컬), 샤오줸 싱(첼로), 리우 롱(생황)

세미나 개막식: '완성', '포용'
로리 필그림의 작곡, 로빈 해든(보컬), 샤오줴 싱(첼로), 리우 롱(생황)

이 세미나를 위해 아티스트 로리 필그림은 인간의 목소리의 가능성에 대해 성찰합니다. 작가는 우리가 공유하는 근본적인 도구인 목소리에서 우리가 연합하고 인간의 경험을 표현할 수 있는 잠재성을 이용합니다. 목소리는 도구이자 말의 직접적인 채널이며, 우리는 이를 통해 감정의 이해를 변모시킬 수 있습니다. 영국의 가수이자 예술가인 로빈 해든과 협력하여, 인간이 보편적으로 공명할 수 있는 방식을 고려하여 사랑, 평화, 고통, 상실의 언어를 탐색하는 새로운 음악을 작곡했습니다. 지역의 음악가들과 함께 말없는 악기의 멜로디와 목소리를 엮어서, 언어의 이해를 넘어서서 사람들을 결합시킵니다.

개회사: 홍콩, 광저우 독일문화원장 가브리엘레 가울러

공개토론: 평양 독일 열람실과 북한과 남한의 통일을 위한 수단으로서 독일 음악과 도서

1부—75분

발화자, 발표내용:
- **스레판 드레이어** 서울 괴테문화원장. 괴테문화원의 평양 개원에 대한 과정과 이유, 그리고 평양에서 독일의 문화 활동
- **박찬경** 작가 및 영화감독. 상영 필름 <정전>과 <비행>에 관한 설명. 그의 작품에 반영되는 냉전시대 그리고 북한과 남한과의 관계
- **김경만** 영화감독. 작품에 대한 간략한 설명과, 남한의 독재 체제가 어떻게 노동운동의 형성을 방해하였는가에 대한 발표
- **가브리엘레 슈뤠쳐/여성 예술가 그룹 '에어푸르트'** 독일 민주공화국 시절의 여성 작가 그룹과의 협업에 대한 간략한 설명과, 80년대 독일에서 이루어진 '평화 통일 운동' 에서의 그녀와 여성 예술가의 역할
- **김현진** 문화 진흥원 ARCO 작가, 큐레이터. 한국에서 활동하는 외국 문화 단체에 대한 고찰

휴식—15분

2부—공개토론, 사회자 김현진

기본 주제 및 질문은 다음과 같습니다: 독일의 역사는 북한과 남한의 통일 과정에 도움을 줄 수 있는가? 미국과 공산주의 국가에 의해 2개로 나뉘어지고 영향을 받았다고 하여 비교하는 것은 양쪽 국가의 매우 상이한 역사를 살펴보면 너무 단순화 하는 것이 아닌가? 서구 제국주의와 유럽중심적 사고라는 더 큰 틀에서 독일을 어떻게 배치할 수 있을까? 세계 2차 대전 이후 독일이 전세계에 문화 센터를 개관한 동기는 무엇인가, 그것은 정치경제적인 것입니까? 평양의 독일 열람실의 잠재적 효과는 무엇인가? 외떨어진 북한과 안전한 독일이라는 이미지는 너무 단순화된 것이 아닐까? 독일 열람실은 통일 과정에 기여할 수 있을까? 서울 독일문화원장 스레판 드레이어는 평양의 독일 열람실의 개관 이전의 과정 및 이유에 대해 설명할 것입니다. 이후 그는 평양 및 북한에서의 현재 독일의 문화 활동에 대해 이야기할 것입니다.

요리 퍼포먼스: '평화를 축복하는 수프' 이곤 한프스팅글

요리사이자 아티스트인 이곤 한프스팅글은, 광저우에서 평화를 축복하는 수프를 만들 것입니다. 이 수프는 말이 아닌 직접적이며 보편적인 언어, 위를 통해 이야기하는 언어입니다. 재료와 향기는 우리의 각각의 세포에 스며듭니다. 그의 수프의 재료는 지역과 유럽 및 아시아의 재료입니다. 이곤이 수프를 만들면서 언급하는 고대 중국의 음식 서적은 손사막(621-713)의 '천 개의 금과 같은 처방'에서 유래한 것이며, 이는 650년대에 당 왕조에서 완성되었습니다.

대화: '괴테와 그의 음식, 그리고 괴테에 대한 중국의 영향' 로우린 와이어스

로우린 와이어스는 아티스트이자 작가이며 지난 수십 년 동안 주로 '정신의 조각품'을 만들어 왔습니다. 그녀의 목적은 대화와 집중적인 이야기를 통해 우리의 의식에 미묘한 변화를 유도하는 것입니다. 광저우의 독일 문화원에서 그녀는 독일의 국가문화기관의 명칭의 제공자인 요한 볼프강 폰 괴테에게 미친 중국의 영향에 대해 생각을 교환하기를 제안합니다. 1809년 괴테의 조수인 율리우스 클라프로트(1783-1853)는 중국문학에 대한 개관을 출판했습니다. 또한 괴테는 자신의 의사인 W.C. 후프란드(1762-1836)가 1797년에 출판한 장수 식이요법에 따랐으며, 여기에서 후프란드는 신체에 대한 음식의 작용에 대해 중국에서 얻은 지식을 기록했습니다. 그는 자신의 장수 식이요법을 '연성 치료'라고 불렀으며, '영웅적인 의료과학'과 반대로 생명을 연장하는 자연의 힘을 사용했습니다. 괴테는 이러한 두 가지 자료를 통해 중국의 영향을 받았습니다. 유라시아 문화의 복원이 바로 로우린 와이어스의 목적입니다.

낭독 퍼포먼스: '진정한 서가', 첸 통

낭독 퍼포먼스: '추상적 읽기', 김소라
(한국어, 독어, 중국어, 영어로 4명의 참여자가 낭독)

독일 열람실에는 독일 문화, 역사, 철학, 과학, 독일 해외정책, 냉전 및 2차 세계 대전뿐만 아니라 문학 및 음악에 대한 서적이 있습니다. 여러 책에서 임의로 페이지를 선택하여 서울에 있는 김소라씨에게 보냈습니다. 그녀는 이 페이지에서 새로운 텍스트, 의미와 다른 언어를 넘어서는 텍스트를 재창조합니다. 추상적 읽기는 아직 발전되지 않은 불가능한 언어와 순수한 형태에 대한 것입니다. 이러한 언어로 낭독할 때 말은 즉시 사라지며, 다시 반복되거나 동일한 독자에 의해 반복되지도 않습니다. 말에 대한 발음은 독자에 따라, 독자가 대면하는 모든 세부적인 순간에 따라 크게 다릅니다. 이러한 발음은 가장 진실하며 정직한 낭독을 통해서만 가능합니다. 이 언어의 의미는 고정된 형태가 아니며 설명할 수 없는 방식을 통해 완벽히 공유될 수 있습니다.

세미나 폐회식: '완성', '포용'
로리 필그림의 작곡, 로빈 해든(보컬), 샤오줸 싱(첼로), 리우 롱(생황)

박찬경 (한국 서울, 1965) 한국 서울 거주,
작가/영화감독

최창호 (북한 온성, 1960) 현재 북한 평양 거주,
작가/평양 만수대 예술단 의장

통 첸 (중국 후난성, 1962) 현재 중국 광저우 거주,
작가, 광저우 현대미술 보르헤스 도서관 설립자

리우 딩 (중국 창저우, 1976) 현재 중국 베이징 거주,
작가

이동영 (한국 대구, 1981) 현재 네덜란드
암스테르담 거주, 디자이너

이곤 한프스팅클 (독일 힐덴, 1960)
현재 네덜란드 할룸 거주, 작가/요리사

가브리엘레 가울러 (독일) 현재 홍콩 거주, 괴테문화원
홍콩 원장

가브리엘레 슈퇴쳐 (독일, 에어레벤, 1953)
현재 독일 에어푸르트 거주, 작가/여성 예술가 그룹
'에어푸르트' 설립자

김현진 (한국 대전, 1975) 현재 서울 거주,
작가/큐레이터

한스 하케 (독일 쾰른, 1936) 현재 미국 뉴욕 거주,
작가

자넷 그라우 (미국 클리블랜드, 1964)
현재 독일 하이델베르그 거주, 작가

크리스티안 요한슨 (덴마크 코펜하겐, 1987)
현재 영국 런던 거주, 웹디자이너

김경만 (한국 서울, 1972) 한국 서울 거주,
영화제작자

리우 롱 (중국 산둥, 1981) 현재 중국 광저우 거주,
생황 연주자

로우린 와이어스 (네덜란드 알튼, 1941)
현재 네덜란드 페어벨트 거주, 작가

로빈 해든 (영국 세인트올번스, 1992)
현재 영국 셰필드 거주, 가수

로리 필그림 (영국 브리스톨, 1988)
현재 네덜란드 거주, 작곡가/작가

사라 반 더 하이데 (한국 부산, 1977)
현재 네덜란드 암스테르담 거주, 작가

김소라 (한국 서울, 1965) 한국 서울 거주, 작가

스테판 드레이어 (독일 징엔, 1958) 현재 서울 거주,
괴테문화원 서울 원장

싱 샤오쮄 (중국 후이난, 1990)
현재 중국 광저우 거주, 첼로 연주자